RITUAL DEL GRADO DE COMPAÑERO DE FRANCMASÓN
R.·.E.·.A.·.A.·.

PARA LAS LOGIAS Y TALLERES DE LA MASONERÍA LIBERAL Y ADOGMÁTICA.

2023

Prólogo

La presente obra es el fruto de varios años de investigación, durante los cuales hemos aprendido acerca de la evolución constante de la Francmasonería mundial, quiero agradecer especialmente al S∴G∴M∴ Samuel AGUILAR IBARRA por su tiempo y consejos, al M∴P∴S∴G∴C∴ José Angel CARRILLO Resendez 33° por sus luces y conocimientos así como a los QQ∴HH∴ de la R∴L∴S∴ Arquitectura no. 7 del R∴E∴A∴A∴ de Saltillo, Coahuila por su apoyo.

M∴M∴ Aldo Alcorta Flores

Decoración de la Logia, Segunda Cámara simbólica

Es la misma que para el 1er Gr∴ en sus trabajos ordinarios, pero cuando hay recepción se aumenta lo siguiente:

- Se pone una de las piernas del Com∴ que se halla en el Alt∴ de los Juramentos, sobre la escuadra y la otra debajo.

- Al norte y enfrente del Seg∴ Vig∴ se coloca un cuadro que tiene pintado el frontispicio del Tem∴ de Salomón, como sigue:

    - Fondo azul.

    - Un cordón de oro en todo el rededor del cuadro, que remata en la parte inferior por dos borlas y tiene doce nudos.

    - En la parte inferior un pavimento de cuadrados iguales, blancos y negros.

    - De este pavimento parte una escalera de tres tramos. El primer tramo tiene tres escalones, en los que se leen de abajo a arriba: Fuerza, Belleza, Candor; el segundo tramo tiene cinco escalones, en los cuales hay los nombres: Inteligencia, Rectitud, Valor, Prudencia, Filantropía; y en el tercer tramo, que es de los siete escalones, hay escritas las palabras: Gramática, Retórica, Lógica, Aritmética, Geometría, Música, Astronomía; estos escalones terminan en la puerta que se halla entre dos columnas. En los capiteles de ellas hay pintadas granadas y lirios y arriba los globos: el terrestre en la de la izquierda y el celeste en la derecha. En el centro de la columna izquierda se escribe la palabra CIENCIA y en el de la columna derecha, la palabra VIRTUD.

    *- Sobre la puerta y apoyando un ángulo en cada globo, hay un triángulo, en el centro del cual está la estrella flamígera y en el centro de ésta la letra **G**.*

- Al pie del cuadro hay una mesa, en la que se colocan el MARTILLO, EL CINCEL, LA REGLA, EL COMPÁS, LA PALANCA, LA ESCUADRA, Y UN CANDELERO de tres luces.

Tapiz del grado de compañero REAA

DIGNIDADES Y OFICIALES EN LA SEGUNDA CÁMARA

Son los mismos que en la 1ª., ocupan los mismos puestos y tienen iguales deberes.

TÍTULOS

*El VM.·. se llama en esta Cámara **Muy VM.·.**; los demás Dignatarios y Oficiales tienen los mismo nombres que en el grado de aprendiz, pero todos los presentes se darán el trato de **HH.·.**, siendo los trajes y joyas iguales usando el mandil con la solapa caída.*

PRELIMINARES DE LA APERTURA:

La Log.·. se puede abrir en el Gr.·. de Apr.·. y llegando el momento de estar concedida la palabra, uno de los HH.·. CComp.·. o MMaestr.·. pueden pedir que se eleven los trabajos a Gr.·. superior. Concedido por el VM .·. éste da un golpe de mall.·. y dice:

V.·.M.·.:   QQ.·. HH.·. de ambas CCol.·. y de Or.·. os anuncio que voy a suspender los trabajos de Apr.·. simplificando fórmulas.

Los trabajos de Apr.·. están en suspenso, cubrid el Tem.·. QQHH.·. AApr.·.

El Maest∴ de Cer∴ acompaña a los AApr∴ hasta la salida del Temp∴

Igualmente se pueden abrir los trabajos en el 2do grado desde un inicio en el caso de que no se encuentre presente ningún aprendiz.

PREVIO A LA APERTURA DE LOS TRABAJOS

M∴ DE C∴: **QQ∴ HH∴ estamos a punto de iniciar nuestros trabajos, a partir de este momento solicito de Vosotros la mayor solemnidad y atención, os pido que cualquier dispositivo que os pueda distraer sea desactivado y os recuerdo que ninguno de vosotros puede hacer uso de la palabra ni cambiar de columna sin el permiso de vuestro Vigilante.**

QQ∴ HH∴ MM∴ servíos equilibrar el Templo.

MUY V∴M∴: *O en su caso el Maestro de Ceremonias*

Silencio HH∴ míos, estamos en Logia, H∴ M∴ de C∴, examinad si todos los HH∴ presentes están en sus respectivos puestos y con sus condecoraciones.

M∴ DE C∴: *El Maestro de Ceremonias parte desde su lugar y da toda la vuelta al Taller, en caso de que alguien no tenga el atuendo correcto, lo corrige y una vez todo listo dice:*

Todos los HH∴ presentes se encuentran debidamente condecorados y todo está dispuesto Muy V∴M∴

MUY V∴M∴: *En caso de que no presida los trabajos el Muy V∴M∴, el M∴ de C∴ será quien dé la instrucción al G∴ T∴*

Q∴ H∴ G∴T∴, aseguraos si nos encontramos al cubierto.

G∴ T∴:   **Muy V∴M∴, estamos a cubierto.**

- Si no han entrado el Muy V∴M∴ y los VVig∴, en este momento el M∴ de C∴ da cinco golpes al piso y hace que todos los miembros del Taller se coloquen en pie y al orden y sale por ellos al atrio del Templo mientras suena música solemne

- El Muy VM∴ y los VVig. toman sus lugares y el Muy VM∴ instruye para que todos se sienten.

MUY V∴M∴:   **H∴ Prim∴ Vig∴, ¿Cuál es vuestro primer deber antes de abrir los trabajos?**

PRIM∴ VIG∴:   **Verificar que todos los presentes sean Comp∴ de Mas∴, Muy V∴M∴**

MUY V∴M∴:   **Aseguraos de ello en unión de nuestro H∴ Seg∴ V∴**

De pie y al orden HH∴

Al concluir los cinco golpes, todos los miembros del taller se ponen en pie y al orden, los vigilantes pueden recorrer cada columna para solicitar la palabra de pase mientras el Muy V∴M∴ lo hace con los HH∴ de oriente, o pueden pasar frente a las columnas y los presentes deben hacer el signo al paso de su vigilante y al final los de oriente, también pueden mantralizar todos la palabra sagrada o bien se puede dar la palabra por conocida según sea el criterio del Muy V∴M∴

SEG∴ VIG∴:   **H∴ Prim∴ Vig∴, todos los HH∴ que decoran la columna del norte son Comp∴ de Mas∴**

PRIM∴ VIG∴:   **Muy V∴M∴, todos los HH∴ que decoran ambas columnas son Comp∴ de Mas∴**

MUY V∴M∴:   **Lo mismo los HH∴ de oriente, podemos comenzar. Tomad asiento HH∴**

INICIO DEL RITUAL MASÓNICO

APERTURA DE LOS TRABAJOS

MUY V∴M∴: ¿Sois Comp∴ H∴ Prim∴ Vig∴?

PRIM∴ VIG∴: Conozco la letra "G".

MUY V∴M∴: ¿Cuál es el secreto de la letra "G" H∴ Seg∴ Vig∴?

SEG∴ VIG∴: La masonería nos abre el Universo a sus misterios y secretos Muy V∴M∴.

MUY V∴M∴: ¿Cómo conocisteis dicho secreto H∴ Pri∴ Vig∴?

PRIM∴ VIG∴: Pasando de la Regla a la Escuadra.

MUY V∴M∴: ¿A qué hora acostumbraban los CComp∴ MMas∴ abrir sus trabajos H∴ Seg∴ Vig∴?

SEG∴ VIG∴: Al medio día.

MUY V∴M∴: ¿Qué hora es H∴ Prim∴ Vig∴?

PRIM∴ VIG∴: Mediodía en punto, Muy Ven∴ Maest∴.

MUY V∴M∴: Pues servíos anunciar en vuestras CCol∴ HH∴ Prim∴ y Seg∴ VVig∴ como yo lo hago en Or∴ que voy a abrirlos por los golpes misteriosos.

PRIM∴ VIG∴: H∴ Seg∴ Vig∴ y HH∴ de mi Col∴ nuestro Muy Ven∴ Maest∴ por mi conducto os anuncia que va a abrir los trabajos de Comp∴

por los golpes misteriosos.

SEG.·. VIG.·.: **HH.·. de mi Col.·. nuestro Muy Ven.·. Maest.·. por conducto del H.·. Prim.·. Vig.·. nos anuncia que va a abrir los trabajos de Comp.·. por los golpes misteriosos.**

Anunciando, H.·. Prim.·. Vig.·..

PRIM.·. VIG.·.: Anunciando, Muy Ven.·. Maest.·..

El Muy Ven.·. Maest.·. da cinco golpes por tres y dos, todos se levantan poniéndose al Ord.·. y dice:

MUY V.·.M.·.: 

H.·. M.·. de C.·., atended el Ara y preparad el encendido de las Luces de nuestro templo.

M.·. DE C.·.: **Así se hará Muy V.·.M.·.**
(Prepara todo y se coloca frente al ara o altar de los juramentos.)

MUY V.·.M.·.: **A.·.L.·.G.·.D.·.G.·.A.·.D.·.U.·. y en su Nombre** *(o se pueden elevar los trabajos a cualquier causa sublime, como la Francmasonería Universal o cualquiera que implique un estado superior en lo intelectual y espiritual)* **Nos,** *(se dice el nombre de quien está presidiendo la ceremonia)***, MUY V.·.M.·. de este Taller por la libre y espontánea voluntad de mis QQ.·. HH.·., bajo los auspicios del** *(nombre de la organización masónica)* **e invocando a la Luz, declaro abiertos los trabajos de esta Respetable Logia simbólica en el grado de COMPAÑERO.**
Conmigo HH.·. míos, por el signo *(todos lo hacen)* **y la batería del grado** *(todos la hacen)***.**

♪ Col∴ de Arm∴ **APERTURA.**

El Prim∴ Vig∴ levanta la columna que tiene sobre su trono, el encargado puede apagar las luces del templo y el M∴ de C∴ inicia su recorrido para encender las luces del trono del Muy V∴M∴, Prim∴ Vig∴, Seg∴ Vig∴ y finalmente las tres luces del piso ajedrezado. El Maestro Armonista hace sonar música solemne que lleve un ritmo relativo a la evolución de la oscuridad a la Luz y se continúa el ritual.

Si se sigue el ritual tradicional, una vez apagada la Luz, el M∴ de C∴ hará la alusión de la oscuridad a la Luz y una vez que el Muy V∴M∴ diga "Enciendo esta luz visible en el nombre de la Luz invisible", el M∴ de C∴ encenderá las siete luces del trono del Muy V∴M∴ empezando por la luz del extremo lado izquierdo del V∴M∴, luego la del extremo lado derecho del V∴M∴, continuando con la segunda del extremo izquierdo y así sucesivamente hasta llegar a la del centro.

El M∴ de C∴ se dirige primero al trono del Prim∴ Vig∴ donde hará el mismo proceso de encendido y finalmente al trono del Seg∴ Vig∴ donde de nueva cuenta hará el mismo proceso de encendido.

Una vez encendidos los tres tronos, el M∴ de C∴ se colocará frente a las tres luces del piso ajedrezado.

El M∴ de C∴ encenderá las tres luces de la siguiente manera:

Luz del Sureste: "Que la sabiduría construya nuestro Templo".

Luz del Noroeste: "Que la fuerza lo sostenga".

Luz del Suroeste: "Y que la belleza lo decore".

Posteriormente, se abre el libro designado como sagrado en la parte acordada por la Logia y se pone una de las piernas del Compás que se halla en el Alt∴ de los Juramentos, sobre la escuadra y la otra debajo.

El M∴ de C∴ Recita el texto relativo al RIGOR Y RECTITUD acordado por el Taller (PUEDE SER AMOS 7-7 Y 7-8) y al finalizar, el M∴ de C∴ da cinco golpes en el piso simulando la posición de las luces del ajedrezado, noreste, suroeste, noroeste y tocando sin golpear el cuarto punto, sureste, dice:

M∴ DE C∴:　　　**Justa y perfecta, Muy V∴M∴**

MUY V∴M∴: 

PRIM.·. VIG.·.: 

SEG.·. VIG.·.: 

MUY V.·.M.·.: Los trabajos de Comp.·. están abiertos.
A mí HH.·. por el Sig.·. y la Bat.·.

MUY V.·.M.·.: Sentaos, HH.·. míos.

APROBACIÓN DE PLANCHAS Y COMUNICADOS

MUY V.·.M.·.: HH.·. todos, prestad atención a las indicaciones que el H.·. Sec.·. nos dará con respecto a la plancha de los últimos trabajos.
H.·.Sec.·. tenéis la palabra.

El Sec.·. indica si se dará lectura a los pendientes o si ya los entregó previamente para su lectura y desea pasar directamente a la aprobación y sanción, así mismo comunicará cualquier aviso oficial que se requiera o pendientes previa autorización del Muy V.·.M.·.. Terminando lo anterior concluirá diciendo.

SEC.·.: Cumplidas vuestras órdenes, Muy V.·.M.·..

El Muy V.·.M.·. desahoga cualquier pendiente dentro de lo mencionado por el Sec.·. y finaliza con la sanción de las planchas preguntando:

MUY V.·.M.·.: HH.·., ¿alguno de vosotros tiene alguna duda, corrección o mejora al material vertido por el H.·. Sec.·.? *(todas las solicitudes son atendidas y* *se instruye a criterio del Muy V∴M∴ respecto a las mismas)*. **Una vez de acuerdo con respecto al material vertido, os pido manifestéis, si es el caso, vuestra aprobación de las planchas de los últimos trabajos mediante el signo conocido.**

H∴ M∴ de C∴, dad cuenta de la votación.

El M∴ de C∴ indica el balance total de la votación, indicando si es aprobada por unanimidad, si simplemente es aprobada o si no ha sido aprobada.

En caso de que la plancha no se apruebe el Muy V∴M∴ instruirá al Sec∴ para que la vuelva a hacer y la presente de nuevo en la siguiente reunión, en caso de ser aprobada, el Muy V∴M∴ dirá:

MUY V∴M∴: **HH∴ míos, ayudadme a sancionar las planchas.** ⚒ ⚒ ⚒ ⚒ ⚒ **De pié, conmigo HH∴ míos, por el signo y la batería del grado.**

Todos lo ejecutan.

MUY V∴M∴: **Tomad asiento HH∴ míos y vos H∴ M∴ de C∴, llevad la plancha aprobada a ser firmada por el H∴ Or∴, por el Muy V∴M∴ y regresadle a secretaría.**

INICIO DE LOS TRABAJOS DEL DÍA

MUY V∴M∴: **H∴ M∴ de C∴, servíos circular el saco de proposiciones.**

El M∴ de C∴ Con el saco en las manos se coloca entre columnas y dice:

M∴ DE C∴: **H∴ Seg∴ Vig∴ me encuentro en occidente,**

entre columnas con el saco de proposiciones listo para circularlo.

SEG.·. VIG.·.: **H.·. Prim.·. Vig.·., nuestro H.·. M.·. de C.·. se encuentra en occidente, entre columnas con el saco de proposiciones listo para circularlo.**

PRIM.·. VIG.·.: **Muy V.·.M.·., nuestro H.·. M.·. de C.·. se encuentra en occidente, entre columnas con el saco de proposiciones listo para circularlo.**

MUY V.·.M.·.: **H.·. M.·. de C.·., circuladlo.**

♪ *Col.·. de Arm.·.* **CIRCULACIÓN DEL SACO DE PROPOSICIONES.**

El M.·. de C.·. inicia el recorrido con el Muy V.·.M.·. (SOL), posteriormente pasa al lugar del Sec.·. (VENUS), intentando formar la primer mitad del símbolo de infinito, de ahí pasa con los HH.·. que se encuentran a la derecha del Muy V.·.M.·., Concluida esta parte, frente al Muy V.·.M.·. sigue su recorrido hacia el Or.·. (MERCURIO), y con los HH.·. que se encuentran a la izquierda del Muy V.·.M.·..

Posteriormente, se dirige al trono del Prim.·. Vig.·. (NEPTUNO) y recorre toda la columna del sur, iniciando por el Tes.·. (MARTE), sin incluir al Seg.·. V.·., y concluye la segunda parte del recorrido con el Seg.·. Diac.·..

La tercer parte del recorrido inicia en el trono del Seg.·. Vig.·. (JÚPITER), de ahí sigue el recorrido por toda la columna del norte hasta llegar al Exp.·. (SATURNO).

Para finalizar el recorrido, se pasa con el Guar.·. Temp.·.. quien después de depositar su proposición, toma el saco y colecta la proposición del M.·. de C.·.; El M.·. de C.·. se coloca en occidente y entre columnas y dice:

M.·. DE C.·.: **H.·. Seg.·. Vig.·. me encuentro en occidente, entre columnas, después de haber circulado el saco de proposiciones y espero órdenes.**

SEG.·. VIG.·.: **H.·. Prim.·. Vig.·., el H.·. M.·. de C.·. se encuentra en occidente, entre columnas después de haber circulado el saco de**

proposiciones y espera órdenes.

PRIM.·. VIG.·.: **Muy V.·.M.·., el H.·. M.·. de C.·. se encuentra en occidente, entre columnas después de haber circulado el saco de proposiciones y espera órdenes.**

MUY V.·.M.·.: **H.·. M.·. de C.·. os pido traer el saco de proposiciones a oriente para que vos H.·. Sec.·. nos des cuenta de su contenido.**
(el Sec.·. se pone de pie)
y vos H.·. Or.·. nos des fe de su contenido.
(el Or.·. se pone de pie).

El M.·. de C.·. se aproxima a oriente y en cuanto empieza a subir la escalera, tanto el Sec.·. como el O.·. empiezan a avanzar hacia el trono del Muy V.·.M.·. para que los tres lleguen al mismo tiempo a dicho punto.

El M.·. de C.·. toma todo el contenido del saco y se lo entrega al Muy V.·.M.·., voltea el saco para mostrar a todos que no ha quedado nada dentro del mismo.

El Muy V.·.M.·. tras verificar que todos los documentos contenidos estén firmados, entrega acomodado el contenido del saco al H.·.Sec.·. quien dice:

SEC.·.: **Muy V.·.M.·., HH.·. todos, el saco de proposiciones contiene:**
menciona el tipo de documento, el título del mismo y el autor. Una vez leído todo el material lo pasa al Or.·. y en caso de que existan documentos sin firmas, es su decisión si se pide al M.·. de C.·. que recabe la firma o si se guarda para entregar al autor al final de la reunión.

El Or.·. Verifica que el material que contenía el saco y dice:

OR.·.: **Doy fé.**

Colocando la mano derecha sobre el material, deja el material sobre el trono del Muy V.·.M.·.

MUY V.·.M.·.: **Tomad plaza HH.**

En caso de que esté planeada alguna ceremonia, se anuncia en este punto, de lo contrario se procede al uso de la palabra para dar lectura y debate a los documentos del saco de proposiciones y desahogar los trabajos del día.

USO DE LA PALABRA

MUY V∴M∴: HH∴ Prim∴ y Seg∴ VV∴, anunciad en vuestras columnas, como yo lo hago en oriente que se concede la palabra en bien general de la orden, de la humanidad y de este taller en particular.

PRIM∴ VIG∴: H∴ Seg∴ Vig∴ y HH∴ de la columna del sur, por instrucciones de nuestro Muy V∴M∴, os anuncio que se concede la palabra en bien general de la orden, de la humanidad y de este taller en particular.

SEG∴ VIG∴: HH∴ de la columna del norte, por instrucciones de nuestro Muy V∴M∴, a través de nuestro H∴ Prim∴ V∴, os anuncio que se concede la palabra en bien general de la orden, de la humanidad y de este taller en particular.

 anunciado H∴ Prim∴ Vig∴

PRIM∴ VIG∴:  anunciado Muy V∴M∴

MUY V∴M∴: H∴ M∴ de C∴, servíos llevar a nuestro H∴ *(dice el nombre del H∴ que firmó el documento que se va a leer en ese momento)* **su** *(trabajo, aviso, solicitud o el nombre de su documento)* **a** *(su sitial, trono o conduciéndole al trono de la elocuencia)* **para que dé lectura del mismo.** *(El H∴ que fue* *mencionado de inmediato se pone en pie y al orden.)*

El M∴ de C∴ Lo hace, decidiendo si primero pasa por el documento o por el H∴ para conducirlo a donde le fue indicado

Esto se repetirá tantas veces como documentos se encontraran en el saco, el Muy V∴M∴ dirigirá el debate procurando mediar el tiempo necesario para no fatigar al taller sin que se atiendan los trabajos con ligereza.

El debate debe ser respetuoso y procurando la buena oratoria de los participantes en todo momento.

Una vez terminado el debate, no habiendo más comentarios de ninguno de los trabajos, se continúa:

SEG∴ VIG∴: **Reina el silencio en la columna del norte H∴ Prim∴ Vig∴.**

PRIM∴ VIG∴: **Reina el silencio en las columnas del norte y sur Muy V∴M∴**

MUY V∴M∴: **Reina también el silencio en oriente.**

SACO DE BENEFICENCIA (O DE LA VIUDA O TZEDAKÁ

MUY V∴M∴: **H∴ Hosp∴, circulad el saco de beneficencia** (*o saco de la viuda o tzedaká*) **con ritual** (*en caso de que la hora esté muy avanzada, puede hacerse sin el mismo*).

♪ *Col∴ de Arm∴* **CIRCULACIÓN DEL SACO DE BENEFICENCIA.**

Si al H∴ Hosp∴ se le instruyó hacer el recorrido sin ritual, sube directamente a oriente, hace el recorrido de oriente repitiendo el ritual utilizado con el saco de proposiciones y posteriormente, baja y colecta de cada hermano empezando por el maestro de ceremonias y terminando con el experto y se detiene frente a la escalera de oriente, en caso de que se le haya solicitado hacerlo con ritual, repite el mismo ritual que en el saco de proposiciones diciendo:

HOSP∴:   **H∴ Seg∴ Vig∴ me encuentro en occidente, entre columnas con el saco de beneficencia** *(o como lo haya designado el Muy V∴M∴.)* **listo para circularlo.**

SEG∴ VIG∴:   **H∴ Prim∴ Vig∴ nuestro H∴ Hosp∴ se encuentra en occidente, entre columnas con el saco de beneficencia** *(o como lo haya designado el Muy V∴M∴.)* **listo para circularlo.**

PRIM∴ VIG∴:   **Muy V∴M∴ nuestro H∴ Hosp∴ se encuentra en occidente, entre columnas con el saco de beneficencia** *(o como lo haya designado el Muy V∴M∴.)* **listo para circularlo.**

MUY V∴M∴:   **H∴ Hosp∴, circuladlo.**

El H∴ Hosp∴ repite el ritual indicado para el saco de proposiciones. Una vez terminado el recorrido, se para frente a la escalera de oriente, al igual que si lo hubiera realizado sin ritual y dice:

HOSP∴:   **Muy V∴M∴ he recolectado lo que los HH∴ presentes de manera voluntaria y amorosa aportaron para una obra filantrópica y espero vuestras órdenes.**

MUY V∴M∴:   **H∴ Hosp∴ subid a oriente, contad el contenido del saco con la ayuda de nuestro H∴ Sec∴ y dad cuenta a vuestros HH∴ del total recaudado antes de que el H∴ Or∴ califique**

nuestros trabajos.

El H∴ Hosp∴ Sube a oriente y junto con el secretario se cuenta el contenido del saco, el secretario toma nota y se devuelve el dinero al saco, el Hosp∴ permanece en oriente hasta que rinda el informe del contenido del saco.

CALIFICACIÓN DE LOS TRABAJOS

CADENA DE UNIÓN Y JURAMENTOS

MUY V∴M∴: **HH∴ míos, acompañadme a formar la cadena de unión, retirando nuestros guantes y al orden.**

Todos se colocan para formar la cadena alrededor de las luces del templo, se deja abierto únicamente el eslabón central de occidente entre el guarda templo y el maestro de ceremonias y tras ofrecer la misma, el Muy V∴M∴ dice:

MUY V∴M∴: **H∴ M∴ de C∴, ¿cómo se encuentra nuestra cadena?**

M∴ DE C∴: **Rota Muy V∴M∴.**

MUY V∴M∴: **¿Porqué H∴ mío?**

M∴ DE C∴: **Por los ausentes, nuestros vicios e imperfecciones.**

MUY V∴M∴: **¿Qué debemos hacer para cerrarla?**

M∴ DE C∴: **Repetir por tres veces las palabras sagradas: Salud, Fuerza y Unión, Uno para todos y todos para uno; seguidas de**
Libertad, Igualdad, Fraternidad, CIENCIA, VIRTUD.

MUY V∴M∴: **Cerradla H∴ mío y todos juntos repitamos las palabras por tres veces.**

Todos repiten vigorosamente las palabras sacudiendo los brazos con las manos entrelazadas sin soltarse:

Salud, Fuerza y Unión. Uno para todos y todos para uno.

Todos pronuncian cada palabra, luego un aplauso y dirigen la palma de la mano al centro de las luces:

Libertad, Igualdad, Fraternidad, CIENCIA, VIRTUD.

Lo hacen y posteriormente regresan al orden a sus lugares y se colocan de nueva cuenta los guantes. Cuando el Muy V∴M∴ ve que todos están listos continúa:

MUY V∴M∴: **Reunidos en esta logia en donde todos estamos aquí y ahora, juremos el cumplimiento de nuestros deberes, buscar la verdad y proclamarla, amar a nuestros hermanos y ayudarles, llevar nuestro amor y buenos oficios a toda la humanidad, cumplir los preceptos de la orden y entablar una absoluta comunicación fraterna entre todos nosotros.**

De igual forma corregirnos con amor, evitar juzgar y jamás dañar la imagen de nuestros hermanos con el uso de la palabra, por lo contrario enaltecer su imagen y destacar sus virtudes y las de la orden, obedecer las instrucciones y cuestionarlas con prudencia cuando no se comprendan o cuando parezcan estar lejos de los preceptos de la orden sin causar daño a la armonía del *(nombre de la organizacion masonica)* **ni de la masonería Universal.**

MUY V∴M∴: **¿Juráis HH∴ respetar, aplicar y difundir estos preceptos?**

TODOS:	Lo juro.
MUY V∴M∴:	¿Juráis secreto a nuestros trabajos?
TODOS:	Lo juro.
MUY V∴M∴:	¿Juráis protección y socorro a nuestros HH∴?
TODOS:	Lo juro. *(Dejan la mano derecha extendida)*
MUY V∴M∴:	Recojo vuestros juramentos y los uno al mío.
TODOS:	Que así sea.
MUY V∴M∴:	Tomad asiento HH∴..

CIERRE DE LOS TRABAJOS DE COMP∴

MUY V∴M∴:	¿Qué edad tenéis H∴ Prim∴ Vig∴?
PRIM∴ VIG∴:	Cinco años, Muy VM∴
MUY V∴M∴:	¿ A qué se refiere éste número H∴ Seg∴ Vig∴?
SEG∴ VIG∴:	A la Quintaesencia, concebida como el espíritu invisible de las cosas o como un quinto principio, relacionando la unidad con el cuaternario de los Elementos. Hace igualmente alusión a los cinco sentidos que revelan el mundo exterior, objeto del estudio del Compañero, mientras que el número tres conduce al Aprendiz a concentrarse en su mundo interior. Muy VM∴..
MUY V∴M∴:	¿Qué habéis aprendido de la escalera del

grado H.·. Prim.·. Vig.·.?

PRIM.·. VIG.·.: El modo de ser inteligente, recto, valiente, prudente y filantrópico.

MUY V.·.M.·.: ¿ Cómo llegasteis a comprender ese secreto H.·. Seg.·. Vig.·.?

SEG.·. VIG.·.: Haciendo cinco viajes, en los que aprendí a emplear las facultades con que me dotó la Naturaleza.

MUY V.·.M.·.: ¿Qué palabra las reasume H.·. Prim.·. Vig.·.?

PRIM.·. VIG.·.: Educación.

MUY V.·.M.·.: ¿A qué hora acostumbran los CComp.·. MMas.·. cerrar sus trabajos H.·. Seg.·. Vig.·.?

SEG.·. VIG.·.: A media noche

MUY V.·.M.·.: ¿Qué hora es H.·. Prim.·. Vig.·.?

PRIM.·. VIG.·.: Medianoche en punto.

MUY V.·.M.·.: Pues si es medianoche, y la hora en que los CComp.·. MMas.·. acostumbran cerrar sus trabajos, servíos HH.·. Prim.·. y Seg.·. Vig.·., pedir a lo que decoran vuestras CCol.·. como yo lo hago a los de Or.·., se unan a vosotros y a mí para terminar los de esta Seg.·. Cam.·. Simb.·. por los golpes y signos misteriosos.

PRIM.·. VIG.·.: HH.·. que decoráis la Col.·. de Sur, nuestro Muy Ven.·. Maest.·., por mi conducto os pide que os unáis a él y a mí para cerrar esta Log.·. por los golpes y signos misteriosos.

SEG.·. VIG.·.: HH.·. que decoráis la Col.·. del N.·. nuestro

Muy Ven.·. Maest.·. por conducto del H.·. Prim.·. Vig.·. os invita que os unáis a él y a mí para cerrar esta Log.·. por los golpes y signos misteriosos.

MUY V.·.M.·.: 🔨🔨🔨 🔨🔨 **en pie y al orden HH.,** *(lo hacen)***, H.·. M.·. de C.·., atended el Ara**

El M.·. de C.·. se coloca frente al altar de los juramentos y espera a que el Muy V.·.M.·. cierre los trabajos.

MUY V.·.M.·.: **A.·.L.·.G.·.D.·.G.·.A.·.D.·.U.·. y en su Nombre** *(o se pueden elevar los trabajos a cualquier causa sublime, como la Francmasonería Universal o cualquiera que implique un estado superior en lo intelectual y espiritual)* **Nos,** *(se dice el nombre de quien está presidiendo la ceremonia)* **V.·.M.·. de este Taller por la libre y espontánea voluntad de mis HH., trabajando bajo los auspicios del** *(nombre de la organizacion masonica)***, agradeciendo a la Luz su presencia, declaro cerrados los trabajos de esta Respetable Logia simbólica ________ fundada en el año masónico** *(se le agregan 4000 al año de fundación)* **en el grado de COMPAÑERO.**

Conmigo HH. míos, por el signo *(todos lo hacen)* **y la batería del grado** *(todos la hacen)***.**

El M.·. de C.·. guarda las herramientas, CIERRA EL LIBRO, apaga las luces en el orden inverso al encendido diciendo en cada una de ellas: que el amor, la inteligencia y la buena elección, imperen en nuestras vidas.

Posteriormente apaga las luces de cada trono dando oportunidad a que cada vigilante diga un pensamiento positivo, haciendo lo mismo en el trono del V.·.M.·..

El taller permanece oscuro un momento

MUY V.·.M.·.: **Conmigo HH.·. míos, por el signo** *(lo hacen)***, la batería del grado** *(la hacen)* **y la batería de júbilo**

(la hacen), **los trabajos han concluido.**

CEREMONIA DE AUMENTO DE SALARIO

2023

RECEPCIÓN

MUY V∴M∴: **H∴ Exp∴ servíos traer al candidato** (*o candidatos*) **con el orden y recogimiento oportunos, tocando y saludando como AApr∴.**

El Exp∴ sale da a uno de los candidatos el martillo que colocará en su mano derecha y la regla en la izquierda descansando sobre el hombro. En seguida los coloca a la puerta como Apr∴.

ES IMPORTANTE QUE SE DE INSTRUCCIÓN DE ESTAR DE PIE PERO NO AL ORDEN PUES EL SIGNO DEL GRADO AÚN NO HA SIDO REVELADO

INICIACIÓN

El Guar∴ Temp∴ que nunca responde cuando se toca en gr∴ diferente del que se trabaja, mira por el postigo y cerciorado de que es el Exp∴ con los graduantes, entreabre la puerta y dice:

G∴ T∴:   **Tocan como Apr∴ H∴ Seg∴ Vig**

SEG∴ VIG∴:   **Tocan como Apr∴ H∴ Prim∴ Vig∴.**

PRIM∴ VIG∴:   **Tocan como Apr∴ Muy V∴M∴**

MUY V∴M∴:   **Servíos preguntar quién toca H∴ Prim∴Vig∴**

PRIM∴ VIG∴:   **Servíos preguntar quién toca H∴ Seg∴ Vig∴**

SEG.·. VIG.·.:	**Servíos preguntar quién toca H.·. Guard.·. Temp.·.**
G.·. T.·.:	(*En voz alta*) **Es el H.·. Exp.·. que conduce al candidato** (*o candidatos*) **que pide pasar de la Regla a la Escuadra.**
MUY V.·.M.·.:	**¿Cuál es su nombre y cualidades?**
EXP.·.:	(*El Exp.·. responde por él o por ellos.*)
MUY V.·.M.·.:	**Preguntadle si sus maestros están contentos con su conducta y si se cree bien preparado a recibir la recompensa que se pide para él.**
EXP.·.:	**Cree que sí, Muy Ven.·. Maest.·.**
MUY V.·.M.·.:	**H.·.Guard.·.Temp.·. permitidles entrar.**

> ♪ *Col.·. de Arm.·.* **Entrada (Música solemne).**

Exp.·. y candidatos entran y saludan, como Apr.·. quedando al Ord.·. y entre CCol.·.

MUY V.·.M.·.:	**Sed bienvenidos HH.·. míos, se ha pedido para vosotros aum.·. de sal.·. y se os ha concedido. Esto testifica vuestro buen comportamiento y tenemos la mayor satisfacción al recompensarlos.**
	Sentadlos H.·. Exp.·.

(El Exp.·. los hace sentar delante del altar; él se sienta a su lado).

MUY V.·.M.·.:	**HH.·. míos, si habéis penetrado el fin de vuestra primera iniciación, sabréis que es sembrar en vuestra mente la duda en lo que**

creíais sin examen y demostraros que no debéis admitir sino lo que esté probado, o sea conforme a la naturaleza de las cosas satisfaga la razón y adhiera las voluntades, pues de otra suerte, viviréis a merced de la ignorancia, la superstición de todos los errores que se os infundieron cuando apenas comprendíais vuestra propia existencia, poseéis la Razón para conocer la verdad y distinguirla del error y el Libre Albedrío para elegir con fundamento; y el que no proceda así aunque tenga forma de hombre, no posee el carácter de tal, y es una máquina a disposición de los astutos y ambiciosos.

En todas partes la educación sectaria conspira a destruir el sentimiento de dignidad y ponderar nuestra pequeñez y nuestra debilidad, para que nos echemos en brazos del que se propone explotarnos. El mismo sistema preside a los códigos y legislaciones de algunos pueblos que se llaman civilizados; sus gobiernos tratan de proveerlo todo y a fuerza de restricciones y leyes protectoras, nos mantienen el pupilaje para que jamás lleguemos a ser Hombres.

El principio feudal de la Edad Media dejó de ser territorial para hacerse personal, el gobierno se lo atribuyó todo y todo lo ve, todo lo examina, todo lo prevé; con su enjambre de empleados regularizados en jerarquía de series ascendentes, no considera a ninguno capaz de conocer sus intereses ni de cuidar de sí mismos. Y lo que es más terrible aún: Las atrocidades que se hacen para corregir los delitos son nada comparadas a la esclavitud a que nos reducen sus providencias con la mira de prevenirlos. Ni los padres cuidan de la educación de los hijos; el gobierno la dirige, niños en la escuela y niños en el Estado vivimos una vida automática o dependiente y por eso cuando una revolución destruye el poder usurpador que creaba a su antojo deberes y obligaciones que han anotado la conciencia de nuestros derechos y recursos, nuestro deseo es hallar otros amos que nos eviten la fatiga de pensar y obrar por nosotros mismos. Para mengua y oprobio de esa civilización, es tal la nulidad a que nos han reducido nuestros directores que el mundo batalla por ser libre y lucha en vano. Ved esas naciones que claman por un hombre que las salve y que se postran ante el que se apodera del mando, porque admiran en él valor y energía de que los privó el hábito de verse protegidos. Más no son el valor y la energía ajenas los que pueden salvarlos, sino el valor, la energía y la inteligencia de cada uno de los ciudadanos. ¡Desgraciado el país cuyo bienestar o desgracia dependen de ESTA o AQUELLA PERSONA! Sus habitantes forman rebaños y no pueblos de hombres. Ignoran para qué fueron creados y el modo de usar las facultades que a todos concedió el G.·. A.·. D.·. U.·.

Dar a conocer sus facultades y la manera de emplearlas, de suerte que todas las desarrolle el neófito, es el fin de este segundo Gr.·. de Comp.·.

Recordaréis que al iniciaros Apr.·. se os hicieron tres preguntas acerca de Dios, la virtud y el vicio. Ahora os haré cinco preguntas que espero se grabarán en vuestra

memoria.

INTERROGATORIO

MUY V∴M∴:   Sabéis que el PENSAMIENTO caracteriza al hombre.
¿Qué entendéis por PENSAMIENTO H∴?

El candidato responde.

RESPUESTA: Es la facultad por la que nos conocemos y distinguimos de los demás seres y por eso se dice que es la individualidad, lo que constituye al hombre. Nuestra sangre, nuestra carne, nuestros huesos, son accidentes que poseemos en común con otros animales. Lo propio, lo indudable, es que pienso y porque pienso sé que existo y que este cuerpo que me da forma es mi embarazo o mi instrumento; pero no es mi YO, este YO que comprende, que domina la naturaleza. Allí no soy como hombre sino como máquina que piensa, y como tal examino y comparo, estudio y formo un juicio con otro. Mas si permito que otro investigue y juzgue por mí, ya no me pertenezco, abjuro de mi YO, dejo de ser hombre y me confundo con las cosas que obedecen al impulso que reciben.

MUY V∴M∴:   ¿Qué entendéis por INSTINTO, H∴?

El candidato responde.

RESPUESTA: INSTINTO es el resorte conservador de la existencia animal; es el que hace que el castor fabrique su choza, el pájaro construya su nido, el reptil fecunde el huevo depositado en la ribera y el niño que nace, respire y lacte. Nada tiene que ver con el Pensamiento.

MUY V∴M∴: ¿Y qué es la INTELIGENCIA H∴?

El candidato responde.

RESPUESTA: LA facultad de recibir las impresiones de los sentidos y comprender y combinar los actos que satisfacen nuestras necesidades. Los animales superiores, como el mono, el elefante, el perro y el caballo, la poseen en el grado del niño antes que principie a hablar. Tiene la inteligencia, a más de percepciones, rudimentos de conciencia y los efectos de amistad, gratitud, abnegación, vanidad, sociabilidad, etc.

MUY V∴M∴: ¿Qué es la RAZÓN?

El candidato responde.

RESPUESTA: El poder de elevarse de lo concreto a lo abstracto, comprender la naturaleza de las cosas, someterse a la causa que las produce, estudiarse a sí mismo contemplando lo creado, hallar la verdad que destruye los errores de la intuición y los sofismas de la inteligencia y crear las ciencias y las artes arrancando a la naturaleza sus arcanos. Es el patrimonio del hombre y gracias a él ve en todas las cosas lo real y lo ideal, esto es, el hecho en sí y la causa que lo produce; o lo equivale a lo mismo, el objeto y la idea; mientras que el animal ve el hecho real y el hecho solo y así la razón de su existencia o su

ideal, se le escapan y no hay para él, bello ni feo, sublime o indiferente, él no sabe más que sentir; el hombre sabe pensar.

MUY V∴M∴:   ¿Cómo dividís las facultades del hombre, H∴?

El candidato responde.

RESPUESTA: **En instintivas, afectivas e intelectuales. Las primeras no nos son comunes con todos los animales; las segundas con los animales superiores, las terceras abrazan dos categorías; la una general, porque constituye la percepción que tiene a la sensibilidad por medio y relaciona al animal con la naturaleza exterior, o le avisa sus necesidades despertando el deseo o las tendencias de cualquier facultad a entrar en ejercicio; y la otra es propia del hombre, o la reflexión que eleva sobre lo creado. Ni la percepción ni la reflexión son sensaciones; aquella se debe a las facultades receptivas que nos relacionan con el mundo exterior y ésta a las receptivas que constituyen la Razón Humana.**

Acabadas estas preguntas puede el Muy Venerable Maestro hacer las siguientes con objeto de conocer la instrucción del candidato.

MUY V∴M∴:   **Al recibiros Apr∴ se os hicieron varias preguntas respecto a la idea que tenías de la Masonería, etc. Hoy que habéis visto ya nuestros trabajos en el Prim∴ Gr∴**

-¿Cuál es la idea que os habéis formado de ella?
(responde el candidato)
-¿Qué habéis comprendido por verdadera luz?
(responde el candidato)

-¿Qué opinión os formáis acerca del simbolismo que usamos los MMas∴?

(responde el candidato)

-¿Creéis necesario ese simbolismo?

(responde el candidato)

-Los que ignoran nuestros misterios nos acusan de no marchar con las grandes ideas modernas: -¿Qué decís de esto?

(responde el candidato)

-¿Creéis que sea necesario ese secreto que guardamos en nuestros trabajos?

(responde el candidato)

VIAJES

Acabando el interrogatorio, da un gol∴ 🔨 *y dice:*

MUY V∴M∴: Cuando os iniciásteis Apr∴ nacísteis en realidad y vísteis que había un pueblo verdaderamente libre. Estamos seguros que el Gr∴ de Comp∴ va a satisfaceros, porque en él comienza a abrirse el arca de nuestros misterios. Si sois un sabio gozaréis al hallaros entre hombres libres y de buena fe, que son también unos sabios o buscan la sabiduría; y si todo lo ignoráis tendréis el gusto de ver que todo podréis aprenderlo.

Servíos, Maest∴ Exp∴ aumentar la luz para que se vea ese cuadro por todas partes: vos, H∴ mío, mirad.

♪ *Col∴ de Arm∴* **Exhibición del cuadro del segundo grado.**

El exp∴ conduce al candidato frente al cuadro y enciende las luces de la mesa.

MUY V∴M∴: Allí tenéis el Temp∴ de la Sabiduría, y debajo los instrumentos con que se planta la obra. En él se encierra nuestro secreto, ese secreto tan pedido, tan buscado, tan rara vez comprendido, y que cuando se le posee y conoce perfectamente, es la felicidad y el consuelo de la vida. Mucho tenéis que trabajar y mucha ha de ser vuestra perseverancia si queréis profundizarle y apreciar y apreciar sus virtudes. La masonería, como el campo del labrador, no entrega su tesoro sino a la hábil y atrevida mano que sabe buscarlo.

-¡Buscad y hallaréis!
Pero no olvidéis que ese cuadro que representa un Temp∴ material, es el emblema de otro más sublime a cuya conservación se os llama para que trabajéis a vuestro turno como lo hicieron hábiles operarios como Zoroastro, Moisés, Salomón, Orfeo, Pitágoras, Confucio, Sócrates, Platón, Zenón, Epíteto, Jesús, Juan Jacobo Roseau, Washington, Bolívar, Hidalgo y otros muchos que le han enriquecido con los tesoros de su inteligencia.

Su interior se divide en varios compartimentos, en los que se enseña todo lo que el hombre debe aprender para mejorar su suerte. Allí, la ciencia del cielo, de los astros y de los fenómenos de la Naturaleza. Allá el conocimiento del corazón del hombre, la historia de sus pasiones y de sus vicios, y la manera de perfeccionar la Razón y hallar la verdad que hace vuesta ventura. Todo esto lo estudiaréis y lo comprenderéis cuando llegue vuestro turno. A los AAp∴ y CComp∴ no se les permite la entrada en el Santuario. Recordad que Pitágoras exigía cinco años de silencio a sus discípulos antes de concederles esa gracia, lo que no debéis tomar en el sentido material de que los privara de discurrir acerca de lo que les enseñaba, sino en el que no quisieran hablar de lo que no entendían.

Estudiad atentamente el exterior de ese Tem∴, el orden de su arquitectura, de sus alegorías y adornos.

Vais a dar cinco vueltas, emblemas de los viajes y de los conocimientos que deben poseer los que se inician en nuestros misterios, y aprenderéis el uso del martillo y del cincel, de la regla y del compás, de la palanca y la escuadra, que fueron de los más

importantes con que se levantó el Temp∴

H∴ Exp∴ quitad la regla al graduante; ponedle el martillo en la mano derecha y el cincel en la izquierda, haciéndole viajar por el norte hasta el Oriente, y de allí al Mediodía.

♪ *Col∴ de Arm∴* Primer Viaje.

El Exp∴ ejecuta lo mandado en unión del graduante, haciendo alto al pie del cuadro. Si son varios los graduantes uno lleva los instrumentos y los demás le siguen.

SEG∴ VIG∴:  Muy Ven∴ Maest∴ el primer viaje ha

terminado.

El Exp.·. y el graduante se sientan junto a la mesa de instrumentos que está al pie del cuadro, dejando allí los instrumentos.

MUY V.·.M.·.: Según la historia alegórica que referimos en los Gr.·. SSim.·., los AApr.·. admitidos a las obras del Temp.·. empleaban el primer año en desbastar con el cincel y el martillo los minerales y maderos de la fábrica, y hasta que conocían bien sus distintas cualidades, no se les destinaba a trabajos superiores. Esto quiere decir que necesitáis aprender y pulir vuestra inteligencia para hallaros en aptitud de ser útil a la humanidad y a vos mismo. El cincel significa la constancia en la perfección y el martillo la sumisión de la fuerza bruta a la inteligencia. Se os hizo viajar por los cuatro puntos cardinales significando que cualesquiera que sean los tropiezos que encontréis en vuestro camino, no desmayeis en vuestra empresa.

La cadena que rodea el Templo es el Símbolo de la Fraternidad que nos une a todos los masones del Universo.

El mosaico de cuadros blancos y negros son los bienes y los males por que tenéis que pasar en vuestra peregrinación.

Levantaos y dadle el signo de Apr.·. al H.·. Exp.·.

EXP.·.: Perfecto, Muy ven.·. Maest.·.

MUY V.·.M.·.: H.·. Exp.·. entregad el Compás y la Regla al graduante y dirigidle en su segundo viaje para que vea el triángulo del frontispicio del Temp.·. la estrella que lo embellece y sepa el significado de la letra G.

♪ *Col.·. de Arm.·.* Segundo Viaje.

El Exp.·. ejecuta el viaje en la misma dirección que el anterior haciendo alto al pie del trono del Seg.·. Vig.·.

SEG.·. VIG.·.: Muy Ven.·. Maest.·., el segundo viaje ha terminado.

MUY V.·.M.·.: Sentaos HH.·. míos.

El Exp.·. recoge el compás que pone sobre la mesa del cuadro, dejándole la Regla al graduante y después se sientan ambos.

MUY V.·.M.·.: En este segundo viaje llevásteis el Compás y la regla, instrumentos principales en las obras humanas. El primero traza el círculo, la más hermosa de las figuras; y muestra el centro, la igualdad de los radios, el valor del diámetro y lo justo de todas las medidas. Es el regulador universal y emblema de la Logia, regulador por excelencia de lo cierto y de lo falso que nos enseña a discurrir las consecuencias exactas. Con él y la Regla formamos las figuras geométricas, obtenemos líneas y medidas perfectas; en una palabra, hacemos el Triángulo, signo venerado en todas las edades, porque es el de la fuerza y el Orden. Sería imposible comprender ni demostrar sin él las leyes del Universo ni construir obras duraderas. Las propiedades del Triángulo constituyen la Trigonometría; aplicadas a los cuerpos celestes son la base de la Astronomía; al curso de un buque en el Océano, la Navegación; a la construcción de edificios, la Arquitectura. Es el alma de las ciencias y el alma de un principio. La Geometría es la piedra fundamental de las ciencias y de las artes.

Encontráis el Triángulo en el frontispicio de nuestro Temp.˙. porque es la Verdad y simboliza las leyes de la materia. Dentro de él brilla la Estrella flamígera, astro místico de la razón que ilumina al Comp.˙. y cuya luz inextinguible disipa las tinieblas de la ignorancia. En su centro se encuentra la letra "G", emblema del Genio del Hombre a quien aquella dirige en el camino de la Sabiduría, aclarándole el espacio inmenso que tiene que recorrer para la posesión de todas las verdades, porque el genio es aquel astro inagotable, eterno, parte de Dios mismo que todo lo conserva y que adivina de donde nace el bien y de donde viene el mal.

Así la "G", la Estrella y el Triángulo, representan al genio personificación del ingenio del Hombre guiado por la Razón y reasumiendo en la propiedades del Triángulo, los arcanos del Omnipotente.

Todo este gr.˙. estriba en el conocimiento de la letra "G". Debéis ser Geómetra para comprender la naturaleza; Grandielocuente, para explicarla a los demás; conocer los fenómenos de la generación para descifrar el enigma de la vida; poseer la ciencia del gobierno para hacer vuestra felicidad y la de vuestros semejantes y en fin, elevaros con las alas del Genio hasta ser dignos de llamaros "HOMBRE".

Levantaos y dad el Toc.˙. de Apr.˙. al Seg.˙. Vig.˙.
(lo ejecuta)

SEG.˙. VIG.˙.:   Perfecto, Muy Ven.˙. Maest.˙.

MUY V∴M∴: Servíos H∴ Exp∴ entregad al Apr∴ la Palanca, y guiadle en el tercer viaje para que examine las CCol∴ del Temp∴ y vea los nombres que las caracterizan.

♪ *Col∴ de Arm∴* **Tercer Viaje.**

El Exp∴ ejecuta el viaje y va a parar el trono del Prim∴ Vig∴

PRIM∴ VIG∴: El tercer viaje ha terminado Muy Ven∴ Maest∴

MUY V∴M∴: Sentaos HH∴ míos.

El Exp∴ recoge la Palanca, deja la regla al graduante y ambos se sientan.

MUY V∴M∴: Llevasteis en este viaje una Palanca, instrumento que sirve para levantar pesos, y no hay ninguno que resista su acción si se halla un punto de apoyo conveniente.

Este instrumento tan irresistible en lo material, es para nosotros el emblema del poder inmenso que el hombre adquiere aplicando las fórmulas o principios de la ciencia a los actos que su fuerza individual no lograría por sí sola y en el sentido muy profundo del tercer viaje, representa el poder de alcanzar la razón con el auxilio de los estudios filosóficos y morales a que os han preparado las ciencias físicas. Así H∴ la Palanca reasume el concepto de las dos palabras CIENCIA y VIRTUD; es el mito de la fortaleza que nos hace soportar y vencer los trabajos de la vida, sin que jamás un temor cobarde nos precipite en la desesperación. Para que no os separéis nunca de esa moral, tenéis siempre la regla en vuestra mano. Os indica que debéis proceder de tal manera que cada una de vuestras acciones puede ser tomada por norma general.

Las CCol.·. del frontispicio del Temp.·. tienen lirios, emblema de nuestra pureza, y granadas que con sus innumerables granos figuran el conjunto de los MM.·.-Sostienen los globos celestes y terrestre para expresar que por la ciencia y la virtud que leéis en su centro, el hombre llenará los fines para los que fué creado.

Sabéis cómo Apr.·. lo que es virtud. Por ciencia entendemos un conjunto de hechos de los cuales se han deducido principios generales. Es el fundamento del arte, porque éste es la aplicación de aquellos principios al uso de la vida.

Levantaos y dad la Pal.·. Sag.·. al Prim.·. Vig.·.
(lo ejecuta el graduante.)

PRIM.·. VIG.·.: Justa y Perfecta Muy ven.·. Maest.·.

MUY V.·.M.·.: H.·. Exp.·. entregad al graduante la escuadra, para que con ella y la regla dé su cuarto viaje y examine la piedra Cúbica de punta y los cinco escalones del segundo tramo de la escalera de nuestro Temp.·.

♪ *Col.·. de Arm.·.*
Viaje. Cuarto

El Exp.·. ejecuta el cuarto viaje con el graduante, le muestra la Piedra Cúbica que está al pie de la gran Col.·. J.·., lo hace leer los letreros y va a parar al cuadro.

PRIM.·. VIG.·.: el cuarto viaje ha terminado Muy Ven.·. Maest.·.

MUY V.·.M.·.: Sentaos HH.·. míos.

El Exp.·. recoge los instrumentos y los pone sobre la mesa.

MUY V.·.M.·.: En este cuarto viaje llevasteis una escuadra, que sirve para formar los prismas y hacer todas sus caras perfectamente iguales, ayudándonos de la Regla que nivela las superficies, de modo que las piedras con que se levante el edificio, recíprocamente se correspondan. La primera se usó al labrar la cúbica de punta, cuyas nueve caras dan un número perfecto en todas sus combinaciones. La Escuadra es el emblema de la igualdad que debe reinar entre los hombres, y la Regla, el de la Justicia que ha de presidir a sus relaciones. Como Comp.·. necesitáis saber el modo de fijar esa Piedra Cúbica, que es la principal de nuestro edificio y para lograrlo se os mostró el segundo tramo de la escalera del Temp.·. cuyos escalones tienen los nombres de: Inteligencia, Rectitud, Valor, Prudencia y Filantropía. Inteligencia para comprender; Rectitud para dirigiros conforme a las leyes de lo justo, fundadas en la conciencia; Valor para obrar; Prudencia, para guiarle; y por último Filantropía o amor a la Humanidad, a esa Humanidad a la que debe mostrarse la virtud para que deteste el vicio, y enseñarle la verdad para que abomine la mentira. El vicio no sólo devora los gérmenes de la dicha social, sino que roe los frutos perfumados de nuestros más bellos sentimientos y destruye las fuerzas instintivas que alimentan a la razón en la hora fecunda de sus creaciones.

H∴ Exp∴ haced que el graduante ejecute su último trabajo como Apr∴ y detenedle como el sol en el solsticio de Estío.

♪ *Col∴ de Arm∴* **Quinto Viaje.**

El Exp∴ lleva al graduante junto a la piedra br∴ que se halla colocada al pie de la gran Col∴ "B", le entrega el martillo y le hace dar tres golpes en ella EN POSICIÓN DE CUCLILLAS CON LA ESPADA RECTA AL FINALIZAR EL TERCER GOLPE SE LE EMPUJA FUERTE PERO CON CUIDADO PARA QUE PIERDA EL EQUILIBRIO Y CAIGA, luego le levanta y coloca junto al Seg∴ Vig∴ quien dice:

SEG∴ VIG∴: Muy VM∴ el graduante ha hecho su último trabajo de Apr∴ y le concedo el pase de mi Col∴ "B" a la Col∴ "J".

MUY V∴M∴: H∴ Exp∴ haced que el graduante dé su último viaje- En P∴ HH∴ mios *(Todos lo ejecutan.)*

♪ *Col∴ de Arm∴* **Quinto Viaje (música fúnebre)**

- *El Exp∴ agarra al graduante por el brazo izquierdo, y dando la espalda al Oriente le coloca la punta de la espada en el pecho y le hace andar de espaldas hasta el Or∴*
- *de allí por el Norte a Occ∴ hasta el pie del Trono del Prim∴ Vig∴*
- *si hay música, ésta toca una marcha fúnebre que cesa al llegar el*

graduante a Occ.·.

- *En este mismo momento el Exp.·. deja al graduante, quien no ha de llevar instrumento alguno.*
- *El prim.·. Vig.·. dice:*

PRIM.·. VIG.·.: Terminó el quinto y último viaje, Muy Ven.·. Maest.·.

MUY V.·.M.·.: Sentaos HH.·. *(Todos se sientan)*
– ¿Qué opináis de este viaje?

Responde el Graduante.

MUY V.·.M.·.: Tiene tres significados: uno astronómico, otro moral y el ÚLTIMO SECRETO. Por el primero dispuse os estuvierais en el punto en que el sol RETROGRADA, para que imitastéis su movimiento. Debéis saber que en la antigüedad se consideraba la astronomía la más sublime de las ciencias, y a su estudio se dedicaba el año final del aprendizaje. En cuanto al segundo, o al moral: notaríais que en los viajes anteriores llevabais instrumentos de trabajo, lo que supone que los empleabais, y que, por consecuencia, siempre marchabais adelante, más en este estabais ocioso, y en vez de seguir con el progreso RETROCEDISTEIS al barbarismo. El último sentido es más importante. NO SE REVELA SINO EN LOG.·. Y SOLO LO POSEEN LOS MM.·. ESCOCESES.
Ya conocéis vuestras obligaciones: para ser digno del gr.·. tenéis que trabajar incesantemente en vuestra perfección física, moral e intelectual. Os recibimos Apr.·. sólo porque érais hombre, y hombre honrado;

ahora ya sabéis que nuestros órganos son los instrumentos de nuestra inteligencia, que el cultivo de ésta es la que nos constituye reyes del mundo, y que sólo el trabajo es el guardián de la virtud y el que hace nuestra felicidad y la de nuestros semejantes. Estudiad los derechos y los deberes que son inconclusos a la naturaleza humana, y se desarrollan con la conciencia, porque un buen Comp.·. da a cada uno lo que es suyo. Todo derecho es inseparable de un deber, y tenemos por intuición que respetar el derecho de otro o de los otros, para que se reconozcan los nuestros. Por eso ninguna legislación puede crear derechos ni deberes: ella simplemente los promulga y la ley expresa el modo de hacerlos efectivos.

H. Maest.·. de Cer.·. servíos conducirle al Altar y vosotros, acompañadme al acto solemne del juramento.

Todos se levantan y forman alrededor del Altar, en una sola fila. Los que tengan espada forman sobre el graduante la bov.·. de ac.·.

MUY V.·.M.·.:   *(Al graduante).* **Repetid conmigo.**

JURAMENTO DE COMPAÑERO

"Yo ___________ de mi entera y libre voluntad, en presencia del G.·.A.·.D.·.U.·. y de esta Resp.·. Log.·., juro por mi honor no revelar jamás ninguno de los secretos, misterios o actos de este grado a los PProf.·. y AApr.·.- Juro igualmente obedecer los reglamentos de esta corporación y las órdenes de su Muy Ven∴ Mest∴, Juro también servir a todos los HH∴ como leal Comp∴ defenderlos, avisarles y procurar libertarlos de todo peligro, cuando sepa que están perseguidos particular o judicialmente; y por último, juro dedicar el tiempo que no emplee en el trabajo indispensable a mi existencia y a la de mi familia al estudio de las ciencias que deba conocer para ser digno del nombre de Comp∴ haciendo lo posible por adquirir la Inteligencia, la Rectitud, el Valor, la Prudencia y la Filantropía, que se me han recomendado. Y antes que faltar en todo o en parte a estos solemnes compromisos, quiero que se me arranque el corazón y se arroje a los buitres para servirles de pasto, ¡Que Dios me libre de tal desgracia!

El Muy Ven∴ Maest∴ levanta la espada que toma con la mano izquierda, mantiene la hoja arriba de la cabeza del graduante, toma el mazo con la otra mano y dice:

MUY V∴M∴: A L∴G∴D∴G∴A∴D∴U∴ por la Confraternidad Universal bajo los auspicios del *(nombre de la organizacion masonica)* y en virtud de los poderes de que me hallo investido por la libre y espontánea voluntad de mis HH∴, OS CREO, NOMBRO Y CONSTITUYO a vos *(dice el nombre del graduante)* Comp∴ Mas∴ y miembro activo de esta Seg∴ Cám∴ Simb∴ de la Resp∴ Log∴ Simbólica _________ por los golpes MISTERIOSOS del grado.

Da los golpes de mall∴ __ __ __ __ __ sobre la hoja de la espada LIBERTAD, IGUALDAD, FRATERNIDAD, CIENCIA, VIRTUD.

INSTRUCCIÓN

MUY V∴M∴: Sentaos, HH∴ míos y vos, H∴ Maest∴ de Cer∴ conducir al neófito *(o los neófitos)* a Or∴ para instruirlo.

Se ejecuta lo mandado y luego dice al graduante:

MUY V∴M∴: Querido H∴, trabajaréis sobre la Piedra Cúbica y recibiréis vuestro salario en la Columna J.

Esta prerrogativa os recordará que como Compañero, habéis sido escogido para perfeccionar el trabajo realizado por los Aprendices. Debéis poner todos vuestros sentidos en corregir, con vuestros ejemplos y consejos, los defectos de vuestros H∴ menos iluminados.

Sólo nos resta daros a conocer los secretos del Segundo Grado que acabáis de recibir.

H∴ Experto y M∴ de C∴ conducid al Recipiendario al sitial del Primer Vigilante.

El H∴ Exp∴ cumple con la orden.

MUY V∴M∴: H∴ Primer Vigilante comunicad al Recipiendario los Secretos del Grado de Compañero y vos, H∴ Experto, enseñadle la instrucción.

PRIM∴ VIG∴: H∴, os voy a confiar los Secretos del Grado de Compañero, consistentes en una Palabra de Paso que ya os han dado, en un Signo, Un Toque, una Palabra Sagrada y una marcha de Compañero.

La palabra de paso es, "Sh.........".

El Signo de Orden, lo hacemos en dos movimientos. El primero consiste en levantar la mano izquierda a la altura de la cabeza, el brazo izquierdo dispuesto en escuadra, la mano izquierda abierta, la palma hacia delante, los cuatro dedos juntos y el pulgar formando escuadra. Se lo llama "Signo de Saludo". El segundo movimiento consiste en poner la mano derecha sobre el corazón con los dedos abiertos, como para cogerlo, se llama "Signo de Fidelidad".

El Signo Penal que se hace retirando la mano derecha del corazón horizontalmente y dejándola caer lateralmente trazando una escuadra. Esto significa: "Preferiría arrancarme el corazón antes que revelar indebidamente los secretos que me han sido confiados". Al mismo momento se baja el brazo izquierdo a lo largo del cuerpo.

El H∴ Experto ejecuta el signo frente al Recipiendario.

PRIM∴ VIG∴: El Toque se da cogiéndose recíprocamente la mano derecha y ejecutando una presión con el pulgar curvado entre la juntura del índice y del medio que unen estos dedos a la mano.

PRIM∴ VIG∴: Este Toque constituye la petición de la Palabra de Pase proponiendo la pregunta siguiente:

¿Qué significa esto?
Respuesta: Es la petición de la P∴ de P∴ de

Comp.·.
Pregunta: ¡Démela!
Respuesta (en la oreja): "Sh....".

Después de obtener la P.·. de P.·., se pone la extremidad del pulgar sobre la primera falange del dedo medio del H.·. interrogado, proponiendo la pregunta:
¿Qué quiere decir esto?

El interrogado coloca el pulgar de la misma manera y responde:
Es la petición de la P.·. S.·. Esta palabra debe ser dada con las mismas precauciones que en el grado precedente, es decir nunca entera, sino por letras.
Para poder decirla en el futuro, os diré que esta palabra es J... Esta palabra pertenecía a la columna que se encontraba en el exterior del Templo de Salomón, y a la derecha de la puerta de entrada. Significa "Establecerá" y relacionándola con la Palabra Sagrada del primer grado que significa "Con Fuerza", queremos afirmar que nuestro Templo "establecerá con fuerza", por el Gran Arquitecto del Universo será siempre inquebrantable.

Ahora os voy a explicar la marcha del Compañero.

H.·. Experto, vos lo ejecutaréis mientras yo lo explico.

En cuanto penetréis en una Logia de CC.·., después de dar la Palabra de Paso al Retejador, haréis primero los tres pasos de Aprendiz adoptando el signo del orden de Aprendiz, saludaréis necesariamente al Venerable Maestro y a los dos Vigilantes, ejecutando el Signo de Reconocimiento del Aprendiz, después os podréis al Orden de Compañero y ejecutaréis la marcha del Compañero así:

Un paso hacia adelante hacia la derecha, avanzando el pie derecho y trayendo el pie izquierdo contra el derecho, talón contra talón, formando la escuadra. Después desplazaréis el pie izquierdo adelante hacia la izquierda para recuperar el alineamiento inicial y traeréis el pie derecho contra el izquierdo, formando escuadra talón contra talón. En esta posición ejecutaréis el signo penal de Compañero.

PRIM∴ VIG∴: Sabed que como Compañero vuestra edad es de cinco años, y que la batería del segundo grado es de cinco golpes igualmente espaciados.

PRIM∴ VIG∴: Venerable Maestro, el nuevo Compañero está instruido en los Secretos del Grado.

MUY V∴M∴: H∴ Experto, bajad la baveta del Mandil del nuevo Compañero.

MUY V∴M∴: Vuestro Mandil, H∴ ______, llevarás desde hoy la baveta bajada, para mostrar el progreso que habéis hecho en el Arte pasando de Aprendiz a Compañero. Por la misma causa, si siendo Aprendiz se os había colocado en la

Columna de Septentrión, porque acababais de recibir la Luz, ahora ocuparéis un sitio en la Columna de Mediodía en donde la Luz está en su pleno fulgor.

En el grado precedente habéis adquirido los principios de los conocimientos masónicos y de las virtudes morales, ahora extenderéis vuestra búsqueda a los misterios de la naturaleza y de las ciencias.

MUY V∴M∴: Sabed H∴ mío, que la instrucción del Comp∴ comprende tres partes: LA PRIMERA, es la que acabáis de recibir durante la ceremonia de recepción y la que os he enseñado después que prestásteis juramento. LA SEGUNDA, os dará a su debido tiempo el H∴ Prim∴ Vig∴.. Respecto de la TERCERA, recordad que en el último viaje se os dijo que había en él una parte secreta, ésta es la que tendré que comunicaros, después que el H∴ Prim∴ Vig∴ lo haya hecho con la SEGUNDA, por lo cual necesitáis aprender bien la liturgia de este gr∴.

-Para la buena inteligencia de lo que os digo, tengo que instruiros lo siguiente:

"Entre los muchos Misterios e Iniciaciones antiguas, los que conocemos mejor los MMas∴., por ser nosotros en parte sus continuadores, son: los Misterios Persas o de los Magos, los de los Brahmanes, los Egipcios, los Griegos y los Hebreos. Cada uno de los pueblos tenía una o varias sectas salidas de sus misterios, pero de ellas no nos ocupamos, sino como curiosidades históricas. Pues bien, en todos aquellos misterios había dos doctrinas, una pública y otra privada, y ésta última se dividía en dos: la una simbólica, dejando al iniciado el trabajo de comprenderla, y la otra completamente secreta, la cual no se revela al iniciado sino hasta después de haberlo probado como hombre discreto, prudente, instruido y virtuoso."

"Nosotros, descendientes de aquellos iniciados, dividimos también nuestra doctrina en tres partes; damos la primera durante la ceremonia de iniciación; al concluir ésta, decimos al neófito algo de la segunda, dejando el completo de ella para cuando haya aprendido su liturgia, y no pasamos a la tercera mientras no estemos convencidos plenamente de la discreción, prudencia e instrucción del Comp.·."

"Os dije antes de comenzar vuestra recepción, que los Gobiernos se atribuyen todo respecto a la educación del hombre; y que siempre somos unos niños en el Estado. Si buscáis la causa de esto, encontraréis sin dificultad que las más de las veces no son esos Gobiernos los culpables, puesto que si son malos encuentran gentes dóciles, que se dejan gobernar como rebaños, y si son buenos, encuentran ignorancia, apatía y egoísmo en los ciudadanos y por fuerza tienen que tutorearlos y hacerlos marchar aún a su pesar. Todo el que manda tiende casi siempre a la tiranía ¿y qué mejor oportunidad cuando se tienen pueblos ignorantes, apáticos y egoístas? Por esto es por lo que la Mas.·. quiere antes de todo que las masas se eduquen particular y colectivamente; los pueblos ilustrados no consienten tiranos, y sí ayudan a sus buenos mandatarios en sus difíciles tareas. De nada servirían los buenos gobernantes poseídos de las más sanas y sabias disposiciones, si sus gobernados lejos de ayudarlos, se opusieran a ellas, porque su ignorancia no les dejaba comprenderlas, o porque su apatía y su egoísmo los encerraba en un círculo de pereza o indiferencia."

"La Mas.·. impone a sus miembros el deber de ser hombres libres y virtuosos; pero esa libertad no es la del egoísmo y de la resistencia a las leyes del país en que viven, ni las disposiciones que los gobernantes dan en virtud de esas leyes; al contrario, ella exige de sus miembros el mayor respeto a la ley y a los Magistrados; pero también dá como un deber sagrado el de instruirse e instruir a los hombres sus hermanos hasta donde alcancen sus fuerzas, con el fin de que conozcan los derechos y deberes propios, y los derechos y deberes de los demás. Seamos instruidos, dignos y virtuosos y no solamente seremos libres nosotros, sino que emanciparemos a todos los hombres."

"Meditad mucho H.·. mío, sobre lo que os he dicho. Este gr.·. es la piedra angular del edificio masónico levantado a la CIENCIA Y A LA VIRTUD"

H.·. Maest.·. de Cer.·. llevad al nuevo Comp.·. al Prim.·. Vig.·. para que lo examine en todas las señales de reconocimiento masónico.

El Maest.·. de Cer.·. lo ejecuta y acabado el examen, dice el Prim.·. Vig.·.:

PRIM.·. VIG.·.:   Justo y perfecto, Muy Ven.·. Mest.·.

MUY V.·.M.·.:   H.·. Maest.·. de Cer.·. servíos proclamar al nuevo Comp.·.

Se le proclama "LOS ACEPTAIS, LOS RECONOCEIS Y PROCLAMAS COMO TALES? TODOS: LOS ACEPTO, LOS RECONOZCO Y PROCLAMO COMO TALES. M DE C: YO TAMBIÉN LOS ACEPTO, RECONOZCO Y PROCLAMO COMO TALES,

- *se aplaude la iniciación;*
- *se le dá asiento en el Sur;*
- *el Orad.·. le dirige la palabra,*
- *se aplaude al Orad.·. su peroración;*
- *se despacha lo que ocurra;*
- *se ofrece la palabra;*
- *se corre el Saco de Benef.·., sinó, se ha de correr en el Prim.·. Gr.·., o si sólo se ha de trabajar en el Seg.·. y se procede a la clausura de la Log.·. bien cerrándola desde luego o volviendo al Primer Gr.·..*